Il mio libro illustrato bilingue

Моя двомовна книжка з малюнками

Le più belle storie per bambini di Sefa in un unico volume

Ulrich Renz • Barbara Brinkmann:

Dormi bene, piccolo lupo · Солодких снів, маленький вовчику

Per bambini dai 2 anni in su

Cornelia Haas • Ulrich Renz:

Il mio più bel sogno · Мій найпрекрасніший сон

Per bambini dai 2 anni in su

Ulrich Renz • Marc Robitzky:

I cigni selvatici · Дикі лебіді

Tratto da una fiaba di Hans Christian Andersen

Per bambini dai 5 anni in su

© 2024 by Sefa Verlag Kirsten Bödeker, Lübeck, Germany. www.sefa-verlag.de

Special thanks to Paul Bödeker, Freiburg, Germany

All rights reserved.

ISBN: 9783756305070

Leggere · ascoltare · capire

Dormi bene, piccolo lupo

Солодких снів, маленький вовчику

Ulrich Renz / Barbara Brinkmann

| italiano | bilingue | ucraino |

Traduzione:

Margherita Haase (italiano)

Svetlana Hordiyenko, Lesya and Maryna Skintey (ucraino)

Audiolibro e video:

www.sefa-bilingual.com/bonus

Accesso gratuito con la password:

italiano: **LWIT1829**

ucraino: **LWUK3020**

Buona notte, Tim! Domani continuiamo a cercare.
Adesso però dormi bene!

На добраніч, Тіме! Ми пошукаємо завтра.
А зараз солодких снів!

Fuori è già buio.

Надворі вже темно.

Ma cosa fa Tim?

Що там робить Тім?

Va al parco giochi.

Che cosa sta cercando?

Він йде надвір до дитячого майданчика.

Що він там шукає?

Il piccolo lupo.

Senza di lui non riesce a dormire.

Маленького вовчика!

Без нього він не може заснути.

Ma chi sta arrivando?

Хто там іде?

Marie! Lei sta cercando la sua palla.

Марійка! Вона шукає свій м'яч.

E Tobi cosa cerca?

А що шукає Тобі?

La sua ruspa.

Свій екскаватор.

E cosa cerca Nala?

А що шукає Нала?

La sua bambola.

Свою ляльку.

Ma i bambini non devono andare a letto?
Il gatto si meraviglia.

Хіба не треба дітям спати?
Дуже здивувалася кицька.

E adesso chi sta arrivando?

А хто там ще іде?

La mamma e il papà di Tim.

Senza il loro Tim non riescono a dormire.

Тімині мама і тато!

Без Тіма вони не можуть заснути.

Ed ecco che arrivano anche altri!
Il papà di Marie. Il nonno di Tobi. E la mamma di Nala.

А ось ще хтось іде! Марійчин тато.
Тобін дідусь. І Налина мама.

Ma adesso svelti a letto!

А зараз мерщій у ліжко!

Buona notte, Tim!
Domani non dobbiamo più cercare.

На добраніч, Тіме!
Завтра ми вже не повинні нічого шукати.

Dormi bene, piccolo lupo!

Солодких снів, маленький вовчику!

Cornelia Haas • Ulrich Renz

Il mio più bel sogno

Мій найпрекрасніший сон

Traduzione:

Clara Galeati (italiano)

Valeria Baden (ucraino)

Audiolibro e video:

www.sefa-bilingual.com/bonus

Accesso gratuito con la password:

italiano: **BDIT1829**

ucraino: **BDUK3020**

Il mio
più bel sogno

Мій найпрекрасніший
сон

Cornelia Haas · Ulrich Renz

italiano   bilingue   ucraino

Lulù non riesce ad addormentarsi. Tutti gli altri stanno già sognando – lo squalo, l'elefante, il topolino, il drago, il canguro, il cavaliere, la scimmia, il pilota. E il leoncino. Anche all'orso stanno crollando gli occhi …

Ehi orso, mi porti con te nel tuo sogno?

Лулу не спиться. Усі інші вже бачать сни:
і акула, і слон, і маленька мишка, і дракон, і кенгуру, і лицар, і мавпа, і пілот. І левеня. Навіть у ведмежатка заплющуються очі…

Гей, Ведмедику, візьмеш мене до свого сну?

E così Lulù è già nel paese dei sogni degli orsi. L'orso cattura pesci nel lago Tagayumi. E Lulù si chiede chi potrebbe mai vivere là su quegli alberi? Quando il sogno è finito, Lulù vuole provare qualcos'altro. Vieni, andiamo a trovare lo squalo! Che cosa starà sognando?

І от Лулу в країні сновидінь ведмедя. Ведмедик ловить рибу в озері Тагаюмі. Та Лулу питає себе, хто би міг жити зверху на деревах? Сон закінчився, але Лулу хоче ще більше пригод. Давай навідаємося до акули! Що може їй снитися?

Lo squalo sta giocando ad acchiapparella con i pesci. Finalmente ha degli amici! Nessuno ha paura dei suoi denti aguzzi.

Quando il sogno è finito, Lulù vuole provare qualcos'altro. Venite, andiamo a trovare l'elefante! Che cosa starà sognando?

Акула грає з рибами у квача. Нарешті у неї є друзі! Ніхто не боїться її гострих зубів.

Сон закінчивя, але Лулу хоче більше пригод. Давай навідаємося до слона! Що може йому снитися?

L'elefante è leggero come una piuma e può volare! Sta per atterrare sul prato celeste.

Quando il sogno è finito, Lulù vuole provare qualcos'altro. Venite, andiamo a trovare il topolino! Che cosa starà sognando?

Слон – легкий, як пір'їнка, і може літати! Ось він приземляється на небесну галявину.

Сон закінчився, але Лулу хоче ще більше пригод. Давай навідаємося до маленької мишки! Що може їй снитися?

Il topolino sta guardando la fiera. Gli piacciono particolarmente le montagne russe.
Quando il sogno è finito, Lulù vuole provare qualcos'altro. Venite, andiamo a trovare il drago! Che cosa starà sognando?

Маленька мишка спостерігає за ярмарком. Найбільше їй подобаються американські гірки.

Сон закінчився, але Лулу хоче ще більше пригод. Давай навідаємося до дракона! Що може йому снитися?

Il drago, a furia di sputare fuoco, ha sete. Gli piacerebbe bersi l'intero lago di limonata.

Quando il sogno è finito, Lulù vuole provare qualcos'altro. Venite, andiamo a trovare il canguro! Che cosa starà sognando?

Дракона мучить спрага, бо він довго плювався вогнем. Він готовий випити ціле озеро лимонаду.

Сон закінчився, але Лулу хоче ще більше пригод. Давай навідаємося до кенгуру! Що може йому снитися?

Il canguro sta saltando nella fabbrica di dolciumi e si riempe il marsupio.
Ancora caramelle blu! E ancora lecca-lecca! E cioccolata!
Quando il sogno è finito, Lulù vuole provare qualcos'altro. Venite, andiamo a trovare il cavaliere! Che cosa starà sognando?

Кенгуру стрибає по кондитерській фабриці та набиває собі повну сумку. Ще більше синіх солодощів! І ще льодяників! І шоколаду! Сон закінчився, але Лулу хоче ще більше пригод. Давай навідаємося до лицаря! Що може йому снитися?

Il cavaliere sta facendo una battaglia di torte con la principessa dei suoi sogni. Oh! La torta alla panna va nella direzione sbagliata!
Quando il sogno è finito, Lulù vuole provare qualcos'altro. Venite, andiamo a trovare la scimmia! Che cosa starà sognando?

Лицар влаштовує тортовий бій із принцесою своєї мрії. Ой, лишенько! Повз пролітає вершковий торт!

Сон закінчився, але Лулу хоче ще більше пригод. Давай навідаємося до мавпи! Що може їй снитися?

Finalmente ha nevicato in Scimmialandia! L'intera combriccola di scimmie non sta più nella pelle e si comportano tutte come in una gabbia di matti. Quando il sogno è finito, Lulù vuole provare qualcos'altro. Venite, andiamo a trovare il pilota! In che sogno potrebbe essere atterrato?

Нарешті у країні мавп випав сніг! Уся мавпяча зграя з'їхала з глузду та вчинила балаган.

Сон закінчився, та Лулу хоче ще більше пригод. Давай навідаємося до пілота! У якому сні він приземлився?

Il pilota vola e vola ancora. Fino ai confini della terra e ancora più lontano, fino alle stelle. Non ce l'ha fatta nessun altro pilota.
Quando il sogno è finito, sono già tutti molto stanchi e non vogliono più continuare a provare così tanto. Però il leoncino, vogliono ancora andare a trovarlo. Che cosa starà sognando?

Пілот летить і летить. До краю землі та ще далі до зірок. Це не вдавалося жодному пілотові.

Коли сон закінчився, всі були втомлені й не хотіли більше ніяких пригод. Але до левенятка все ж вирішили навідатися. Що може йому снитися?

Il leoncino ha nostalgia di casa e vuole tornare nel caldo, accogliente letto.
E gli altri pure.

E là inizia ...

Левенятко сумує за домівкою та хоче назад у своє тепле і затишне ліжко.
Та й усі інші також.

І тоді починається ...

... il più bel sogno
di Lulù.

... найпрекрасніший сон Лулу.

Ulrich Renz • Marc Robitzky

I cigni selvatici

Дикі лебіді

Traduzione:

Emanuele Cattani, Clara Galeati (italiano)

Vsevolod Orlov (ucraino)

Audiolibro e video:

www.sefa-bilingual.com/bonus

Accesso gratuito con la password:

italiano: **WSIT1829**

ucraino: **WSUK3020**

Ulrich Renz · Marc Robitzky

I cigni selvatici

Дикі лебіді

Tratto da una fiaba di

Hans Christian Andersen

italiano   bilingue   ucraino

C'erano una volta dodici figli di un re – undici fratelli ed una sorella più grande, Elisa. Vivevano felici in un bellissimo castello.

Давним-давно жили-були у короля дванадцять дітей—одинадцять братів та їхня старша сестра Еліза. Вони жили щасливо у прекрасному палаці.

Un giorno la madre morì, e poco tempo dopo il re si risposò. La nuova moglie però era una strega cattiva. Con un incantesimo, trasformò gli undici principi in cigni e li mandò molto lontano, in un Paese al di là della grande foresta.

Одного дня королева померла, і через деякий час король одружився вдруге. Але нова дружина була злобною відьмою. Вона зачарувала одинадцять принців, перетворивши їх на лебедів, та відправила їх у далеку країну, яка знаходилася біля дрімучого лісу.

Vestì la ragazza di stracci e le spalmò sul volto un orribile unguento, tanto che nemmeno il padre riuscì più a riconoscerla e la cacciò dal castello. Elisa corse nella foresta tenebrosa.

Дівчинку вона одягнула у лахи та вилила на її лице гидку мазь так, що навіть рідний батько не впізнав її та вигнав із замку. Еліза втекла у темний ліс.

Ora era completamente sola, e desiderava con tutto il cuore rivedere i suoi fratelli scomparsi. Quando venne la sera, si fece un letto di muschio sotto un albero.

Там була вона зовсім самотня і всім серцем сумувала за своїми зниклими братами. Увечері вона зробила під деревами ліжко з моху.

La mattina dopo giunse ad un lago calmo, e rimase sconcertata nel vedere il proprio riflesso nell'acqua. Ma appena si pulì, divenne la più bella principessa sulla faccia della terra.

Наступного ранку вона прийшла до тихого озера та, побачивши своє відображення, злякалась. Вона вмилася і знов стала найкрасивішою принцесою у всьому світі.

Molti giorni dopo, Elisa raggiunse il grande mare. Tra le onde, oscillavano undici piume di cigno.

Минуло декілька днів, та Еліза дійшла до великого моря, на хвилях якого гойдалися одинадцять лебедів.

Quando il sole tramontò, ci fu un fruscio nell'aria, e undici cigni si posarono sull'acqua. Elisa riconobbe immediatamente i propri fratelli stregati. Ma dato che parlavano la lingua dei cigni, lei non li poté capire.

Як зійшло сонце, вона почула шум—то одинадцять диких лебедів опустилися на воду. Еліза одразу ж впізнала своїх зачарованих братів, але вона не могла зрозуміти їх, бо вони говорили лебединою мовою.

Durante il giorno i cigni volavano via, e la notte si accoccolavano tutti assieme alla sorella in una grotta.

Una notte, Elisa fece uno strano sogno. Sua madre le disse come avrebbe potuto liberare i suoi fratelli. Avrebbe dovuto tessere delle camicie di ortiche per ognuno di loro e poi lanciargliele. Fino a quel momento però, non le era concesso dire una sola parola, altrimenti i suoi fratelli sarebbero morti. Elisa si mise immediatamente al lavoro. Sebbene le mani le bruciassero, continuò a tessere senza stancarsi.

Удень лебеді зникали, а вночі брати та сестра ніжно притискалися один до одного у печері.

Якось вночі Елізі наснився дивний сон: її мати сказала їй, як вона може звільнити братів від чар. Вона мала виплести з кропиви по сорочці для кожного лебедя та накинути їх на них. Але до того часу з її вуст не має вилетіти жодного слова, інакше її брати загинуть. Еліза одразу ж взялася до роботи. Хоча її руки пекло вогнем, вона невтомно плела.

Un giorno, si sentirono corni da caccia in lontananza. Un principe venne cavalcando con il suo seguito e presto le fu di fronte. Non appena i due si guardarono negli occhi, si innamorarono.

Одного дня десь вдалині залунав мисливській ріг. Принц зі своїми підданими прискакав на коні та вже незабаром стояв перед Елізою. Як тільки вони подивились один одному в вічі, то одразу ж закохалися.

Il principe fece salire Elisa sul cavallo e la condusse al proprio castello.

Принц посадив Елізу на свого коня та поскакав із нею у свій палац.

Il potente tesoriere fu tutto fuorché felice dell'arrivo della principessa muta. La propria figlia sarebbe dovuta diventare la sposa del principe.

Але могутній радник принца аж ніяк не радів приїзду мовчазної красуні, тому що його власна донька мала стати нареченою принца.

Elisa non si era dimenticata dei suoi fratelli. Ogni sera continuava il suo lavoro sulle camicie. Una notte uscì per andare al cimitero a cogliere delle ortiche fresche. Il tesoriere la osservò di nascosto.

Еліза не забула про своїх братів. Кожен вечір вона продовжувала плести сорочки. Якось вночі вона пішла на цвинтар нарвати свіжої кропиви, а радник непомітно стежив за нею.

Non appena il principe partì per una battuta di caccia, il tesoriere gettò Elisa nelle segrete. Affermò che fosse una strega che si incontrava con altre streghe durante la notte.

Коли принц поїхав на полювання, радник кинув Елізу у темницю. Радник заявив, що вона відьма, яка по ночах зустрічається з іншими відьмами на цвинтарі.

All'alba, Elisa venne presa da delle guardie, per venir poi bruciata nella piazza del mercato.

На світанку Елізу схопили вартові. Її мали спалити на ринковій площі.

Non appena fu lì, arrivarono undici cigni bianchi volando. Elisa lanciò rapidamente una camicia a ciascuno di loro. Poco dopo, tutti i suoi fratelli si trovarono dinanzi a lei con sembianze umane. Solo il più piccolo, la cui camicia non era stata del tutto completata, mantenne un'ala al posto di un braccio.

Ледь вона опинилася там, як раптом прилетіли одинадцять білих лебедів. Еліза швидко накинула на кожного панцир-сорочку. Перед нею встали всі її брати у людській подобі. Тільки у наймолодшого, чия сорочка була недоплетена, замість однієї руки було лебедине крило.

I fratelli si stavano ancora baciando e abbracciando quando arrivò il principe. Finalmente Elisa gli poté spiegare tutto. Il principe fece rinchiudere il tesoriere malvagio nelle segrete. Dopodiché, si celebrò il matrimonio per sette giorni.

E vissero tutti felici e contenti.

Коли повернувся принц, обіймам та поцілункам сестри та братів не було кінця. Нарешті Еліза змогла все розповісти йому. Принц наказав кинути злого радника до в'язниці. А потім усі сім днів святкували весілля.

І жили вони довго та щасливо.

Hans Christian Andersen

Hans Christian Andersen nacque nella città danese di Odense nel 1805 e morì nel 1875 a Copenaghen. Divenne famoso in tutto il mondo con le sue fiabe letterarie come „La Sirenetta", „I vestiti nuovi dell'imperatore" e „Il brutto anatroccolo". Il racconto in questione, „I cigni selvatici", fu pubblicato per la prima volta nel 1838. È stato tradotto in più di cento lingue e adattato a una vasta gamma di media, tra cui il teatro, il cinema e il musical.

Barbara Brinkmann è nata a Monaco di Baviera (Germania) nel 1969. Ha studiato architettura a Monaco e attualmente lavora alla facoltà di architettura dell'Università Tecnica di Monaco. Lavora anche come grafica, illustratrice e autrice.

Cornelia Haas è nata nel 1972 vicino ad Augusta (Germania). Ha studiato design all'Università di Scienze Applicate di Münster e si è laureata in design. Dal 2001 illustra libri per bambini e ragazzi e dal 2013 insegna pittura acrilica e digitale all'Università di Scienze Applicate di Münster.

Marc Robitzky, nato nel 1973, ha studiato alla Scuola Tecnica d'Arte di Amburgo e all'Accademia di Arti Visive di Francoforte. Lavora come illustratore freelance e designer della comunicazione ad Aschaffenburg (Germania).

Ulrich Renz è nato a Stoccarda nel 1960. Dopo aver studiato letteratura francese a Parigi, ha completato gli studi di medicina a Lubecca e ha lavorato come direttore in una casa editrice scientifica. Oggi Renz è un autore indipendente e scrive libri per bambini e ragazzi oltre a libri di saggistica.

Ti piace disegnare?

Qui puoi trovare tutte le immagini della storia da colorare:

www.sefa-bilingual.com/coloring

www.ingramcontent.com/pod-product-compliance
Lightning Source LLC
LaVergne TN
LVHW070440080526
838202LV00035B/2683